कुछ कविताएं दिल की

रोहित शर्मा "सार "

इस पुस्तक को मैं अपनी माता श्रीमती छाया शर्मा, पिता श्री राकेश कुमार शर्मा, एवं अपनी पत्नी श्रीमती शीतल शर्मा को समर्पित करता हूँ।

क्रम-सूची

प्रस्तावना

इस पुस्तक के लेखक श्री रोहित शर्मा "सार" बेहद ही शांतचित्त और शांतिप्रिय है, इनका जन्म 22 नवंबर 1990 को जबलपुर में हुआ....! बचपन से ही इनकी रुचि लेखन की तरफ थी, रोहित शर्मा की प्रारंभिक शिक्षा जी. सी. एफ. टोडलर्स में हुई, जहां से इन्होंने 5वीं कक्षा तक शिक्षा ग्रहण किया, उसके बाद इनकी शिक्षा नर्मदा नर्सरी तथा गुरु गोविंद सिंह खालसा स्कूल में पूर्ण की....! तथा रोहित शर्मा "सार" ने अपने ग्रेजुएशन इलेक्ट्रॉनिक कम्युनिकेशन में ज्ञान गंगा कॉलेज से इंजीनिरिंग की पढ़ाई पूरी की, तथा स्कूल एवं कॉलेज में काव्य सम्मेलन और मुशायरा में भी कई बार भाग लिया, जिससे रोहित शर्मा "सार" ने मंच में वाक्य पटुता हासिल की तथा अपने डर पर काबू पाना सीखा....!

अभियांत्रिक की पढ़ाई करने के दौरान इन्होंने श्रीमती वैशाली चाँदोरकर "गुरुमाता" से संगीत की तालीम हासिल की, और शास्त्रीय संगीत "गायन" में मध्यमा अंतिम तक संगीत की विधिवत शिक्षा हासिल की....!

सन 2014 में इनकी शासकीय नौकरी रेलवे में लग गई, जिस कारण इनको संगीत की शिक्षा मध्यमा अंतिम के पश्चात छोड़नी पड़ी, किंतु इनका रियाज़ और गायन की प्रैक्टिस आज भी सतत जारी है....! श्री रोहित शर्मा "सार" अपना आदर्श श्रीमति किरण तिवारी (स्कूल की हिंदी शिक्षिका) तथा श्रीमती वैशाली चाँदोरकर (संगीत शिक्षिका) को मानते है, श्रीमती छाया शर्मा इनकी माता तथा श्री राकेश कुमार शर्मा इनके पिता है....!

1. गीता ज्ञान

कुरुक्षेत्र सज गया,
होना युद्ध भीषण है,
रक्त वर्ण में रंगा हुआ,
आज हर एक पाषाण है...!

इस और कृष्ण है,
सारथी बने है अर्जुन के,
देकर ज्ञान गीता का,
जीत लिया मन मानुस के...!

हुआ शंखनाद घनघोर है,
एक तरफ पांडव सेना,
दूजे तरफ दौड़ चले,
अन्याय संग कौरव है...!

भीष्म, द्रोण, कृपा पर,
कैसे करे प्रहार तू अर्जुन,
एक तेरे पितामह, एक गुरु,
ये सब तेरे सगे संबंधी है...!

अर्जुन सुन मेरी बात ध्यान से,
शरीर तो क्षणभंगुर नश्वर है,
क्योंकि अजर अमर है आत्मा,
और ये सब खुद मुझमे है...!

भूल गया तो पिछला जन्म,
पर मुझको हर जन्म का याद है,
देख आज तेरा सारथी बना,
त्रिलोक का जो सरताज है...!

समझानी है मानवता जग को,
इस कारण युद्ध की ज़रूरत है,
कर युद्ध तो पहले अंतर्मन से,
क्योंकि तुझे कुछ भटकन है...!

सुनकर गीता ज्ञान भी तूने,
अभी भी भरम पाला है,
अपने लोक में संभालेगा उनको,
जो इस जग का रखवाला है...!

दिन चार बीते पर भीष्म पर,
अर्जुन ना करे एक प्रहार,
होकर क्रुद्ध अर्जुन के क्षत्रिय धर्म पर,
वासुदेव उठा ले सुदर्शन को बना हथियार....!

करुण करे प्रार्थना अर्जुन है वासुदेव,
ना धकेलो भक्त को इस पतन के नरक में,
उठा कर गांडीव अपना मैं,
करूँ द्वंद अब खुद से भी मैं....!

करके भीष्म से युद्ध भयंकर,
अर्जुन ने शौर्य दिखलाया है,
जिसकी गोद में बालपन बीता,
आज उसी पर अस्त्र चलाया है...!

किन्तु भीष्म को शरशैय्या पर,
शिखण्डी ही ले जायेगा,
करके सामने शिखण्डी को,
भीष्म पर अर्जुन बाण चलाएगा...!

हो रहा युद्ध भयंकर,
उठ रहा हर क्षण बवंडर,
कभी बहती रक्त की धार है,
तो कभी उठती किसी वीर की तलवार है...!

फिर जन्म लेगी मानवता,
फिर नया दौर आएगा,
नरसंहार का ये युद्ध भयंकर,
एक नया इतिहास लिख जायेगा...!

2. कविता का जन्म

तब जन्म लेती हैं कविता,
जब कवि का प्रणय होता है शब्दो से,

क्योंकि शब्दों को मिलाकर बनता है रस,
उस रस से होकर परिपूर्ण जब,
शब्दों में अर्थ का मिलन होता है,

तो कविता पनपती है,
एक कवि के जेहन में,

और फिर धीरे धीरे आकार लेती है,
कलम और कागज़ में उतर कर,

पर क्या हर शब्द के मिलन से,
लाज़िमी होती है कविता का पूर्ण होना,

या कभी कभी किसी कविता का जन्म,
ज़रूरी होता है अपने समय से पूर्व होना,

क्योंकि कविता का जन्म होना भी,
बेहद आश्चर्यजनक है,

और जब कविता लेती है जन्म,
अपने पूर्ण रूप में तो,

एक कवि और एक पाठक के दरमियान,
बन जाता है रिश्ता गहरा सा,
कभी ना टूटने वाला,

क्योंकि कविता का जन्म सम्भव ही नहीं,
एक पाठक और कवि के बिना,

जैसे जन्म एक शिशु का होता है,
उसके माता और पिता के अंश से,

वैसा ही जन्म लेती है एक कविता,
अपने पाठक और कवि के अंश से।।

क्यों आखिर गहराई में डूब कर लिखता है कवि,
और क्यों एक पाठक पढ़ता है काव्य को,
उसी गहराई में उतर कर,
क्योंकि एक कविता की माँ है और दूजा उसका पिता।।

3. शिखंडी

आओ सुनाऊं तुम्हे एक कहानी,
जो है कई सदियों पुरानी...
सज़ा था दरबार काशी नरेश का,
और चल रहा था स्वयंवर,
काशी की राजकुमारियों का...!

किन्तु ये क्या हुआ अचानक,
सब कुछ ठहर गया एक दम,
क्योंकि काशी की सभा मे हो गये,
उपस्थित गंगा पुत्र देवव्रत भीष्म,
और कर दिया ऐलान...!

कि ये तीनो राजकुमारी है ब्याहता,
मेरे अनुज विचित्रवीर्य की,
करके परास्त सारे राजकुंवरों को,
जीत लिया भीष्म ने अम्बा,
अम्बिका और अम्बालिका को,
और चल दिये हस्तिनापुर की और,
पर कैसे हो ब्याह अम्बा का विचित्रवीर्य से,
क्योंकि अम्बा ने मन ही मन मान लिया था,
शाल्व के राजकुमार को अपना वर....!

जानकर ये बात अम्बा के मन की,
सादर प्रस्थान करवा दिया अम्बा को शाल्व की और,
और अम्बा भी देखने लगी स्वप्न नए जीवन की,

शाल्व राजकुमार के साथ नए गृहस्थ जीवन की,
किन्तु शाल्व राजकुमार ने किया अम्बा का अपमान,
और कह दिया कैसे ब्याह लूँ अम्बा को अब,
जब जीत ही चुके है तुम्हे भीष्म गंगा पुत्र...!

होकर क्षुब्ध शाल्व राजकुमार की बातों से,
किया अम्बा ने हस्तिनापुर नरेश से फरियाद,
कि ब्याह ले मुझे आपके अग्रज भीष्म,
क्योंकि उन्होंने लिया है मेरा स्वयंवर जीत,
पर भीष्म की प्रतिज्ञा अखंड थी,
और आजीवन ब्रह्मचर्य की ये प्रतिज्ञा थी,
तोड़ कैसे देते भीष्म इस प्रतिज्ञा को,
तो उन्होंने कर दिया मना अम्बा से ब्याह को,
घायल नागिन सी वो स्त्री अम्बा तिलमिला उठी,
और अपने अपमान के कारण ले लिया उसने प्रण,
कि हे भीष्म मैं ही बनूँगी तुम्हारी मृत्यु का कारण...!

और वो घायल शेरनी की तरह दर दर भटकने लगी,
कभी तप तो कभी जप वो करने लगी,
पाया उसने वरदान ऋषि दुर्वासा से,
जब तक वो प्रण पूरा ना कर ले,
तब तक वो जन्म पर जन्म लेती रहे....!
दो पीढ़ियों के पश्चात,
ध्रुपद के हवनकुंड से
जन्म लिए दो पुत्र एक पुत्री ने,
सबसे बड़े थे धृष्टधुम्न,
फिर उनकी पुत्री द्रौपदी
और भीष्म की मृत्यु की वजह
"शिखण्डी"....!

जब हुआ महाभारत का महायुद्ध,
कौरवों और पांडवो के मध्य...
तब शिखण्डी का भी था युद्ध मे योगदान,
ये शिखण्डी कोई और नहीं,
जन्म जन्मांतर की रेखा को पार कर,
आई थी राजकुमारी अम्बा लेने अपना प्रतिशोध,
भीष्म को भी ज्ञात था कि,
शिखण्डी पूर्ण पुरुष नहीं है,
वो स्त्री के रूप का एक पुरुष है,
जब युद्ध का दिन 8वां आया,
तब श्री कृष्ण के आदेश पर,
अर्जुन ने शिखण्डी को अपना रथ थमाया,
हाथो में लेकर धनुष और बाण,
जब शिखण्डी कुरुक्षेत्र में भीष के सामने आया,
तब भीष्म ने अपना धनुष झुकाया,
क्योंकि कोई भी महावीर चला नहीं सकता,
अस्त्र किसी स्त्री पर...!

इस अवसर का पांडवो ने एक लाभ उठाया,
श्री कृष्ण के आदेश पर,
अर्जुन ने पितामह भीष्म को शरशैया पर लिटाया,
और जब बहने लगी धार भीष्म के तन से,
प्यासे भीष्म को अर्जुन ने ही पानी पिलाया...
शरशैया पर लेटे हुए भीष्म की जब,
गर्दन झुकने लगी तो अर्जुन ने
गर्दन के नीचे शर का तकिया बनाया....!
शिखण्डी का प्रतिशोध भी पूर्ण हुआ,
और एक अध्याय कुरुवंश का खत्म हुआ...!

4. प्रेम अर्थ है पवित्रता का

प्रेम अर्थ है पवित्रता का,
प्रेम पूर्णांक है पवित्रता का।।

प्रेम अथाह है पवित्रता का,
प्रेम आशय है प्रणय का।।

निश्छल होता है प्रेम,
एक पुत्र से अपनी मां का।।

प्रेम साक्षी है प्रेमिका से प्रेमी का,
प्रेम अनुबंध है भाई बहन का।।

प्रेम की पवित्रता इतनी है,
कि प्रेम कभी ज़िस्म नहीं देखता।।

प्रेम अनुभूति है तुमसे मेरा,
प्रेम ग्रंथ है राधा कृष्ण का।।

प्रेम जन्म है दो एहसासों का,
प्रेम अनुराग है प्रेम के ऐतबार का।।

प्रेम की परिभाषा है, प्रेम ही भाषा है,
प्रेम सा निश्चल ना कोई, और दूजा नाता है।।

कभी जो लिखो प्रेम को,

तो रामायण भी लिख देते है।।

कभी जो समझो प्रेम को,
तो भगवत गीता भी पढ़ लेते है।।

कभी ना प्रेम दूषित हुआ,
ना प्रेम कभी मलिन हुआ।।

जब भी हुआ प्रेम हमारा,
हर पल में और पवित्र हुआ।।

5. दानवीर कर्ण

होकर सबसे बड़ा वो पुत्र कुंती का
सूत पुत्र कहलाया था, कर्ण था दानवीर वो,
जिसने पहला दान अपनी माँ का किया था,
पाला उसे सारथी अधिरथ ने,
माँ बनकर प्रेम दिया राधा ने....!

कर देता था सवा मन दान स्वर्ण का,
फिर जल वो पीता था....!
सूर्य पुत्र था कर्ण वो,
राधेय नाम से जाना जाता था...!

होकर पांडवो में सबसे बड़ा वो,
कुरुक्षेत्र में कौरवो के लिए लड़ा था,
ली थी प्रतिज्ञा केवल वध करेगा अर्जुन का,
पर बाकी चार पांडवो का नही हनन करेगा...!

दिया था जन्म कुंती ने उसे, पर जन्मते ही त्याग दिया था,
रखकर एक टोकरी में कर्ण को, गंगा को अर्पण कर दिया था....!
चाहता तो वो भी लड़ता हस्तिनापुर की गद्दी की खातिर,
क्योंकि कुंती का पुत्र था....!
पर उसने त्याग दिया सब कुछ,
अपनी माँ, अपना हक, अपने कुंडल कवच
और अपना जीवन, क्योंकि उसे पता था,
कि वो लड़ रहा है न्याय के खिलाफ अन्याय की ख़ातिर...

6. बिल्ली को खाना था मोमोस (हास्य)

सुनो भैया ध्यान से,
सुनाए एक अनोखी कहानी,
एक थे बिल्ले राजा,
थी उनकी एक बिल्ली रानी।।

एक दफ़ा लगा था देश भर में,
कोरोना की वजह से लॉकडाउन,
बन्द थी दुकान, बन्द थे मॉल और,
खाली पड़े थे ग्राउंड।।

भूखे बैठे थे जानवर,
क्योंकि चौपाटी, बाजार सब बन्द था,
घर के अंदर दुबका बैठा,
हर कोई कमरे में अपने बन्द था।।

बीत गए ना जाने कितने दिन,
निकल गयी थी कई खाली रातें,
पर सुधर ना पाई थी,
किसी के भी खस्ता हालातें।।

एक बार बिल्ली बोली,
मेरे प्रियतम बिल्ले जी,
तुम तो हो गए हो घर मे,
एक दम निठल्ले जी।।

सुनकर ये बात बिल्ले को गुस्सा आया,
और बड़े जोर से वो बिल्ला चिल्लाया,
क्या कहती हो बिल्ली रानी,
क्यों ऐसा तुम्हारे मन में आया।।

ये सुनकर बोली बिल्ली,
आज मेरा है खाने का मोमोज़,
जाओ कहीं से भी लेकर आओ,
मेरे लिए 10-15 प्लेट मोमोज़।।

बिल्ले ने कहा मेरी प्यारी बिल्लू,
ऐसा ज़ुल्म मत ढहाओ जी,
अगर गए घर के बाहर,
तो पड़ेंगे डंडे मुझको कमर के नीचे जी।।

पर बिल्ली बोली म्याऊं म्याऊं,
मुझको ना तुम यूँ बहलाओ,
अगर प्यार करते हो अपनी बिल्लू से,
तो कहीं से भी मेरे लिए मोमोज़ लाओ।।

होकर हैरान परेशान बिल्ले महाराज,
सोचने लगे क्या करें क्या ना करें,
अगर नहीं दिया मोमोज़ लाकर,
तो ये बिल्ली मेरे प्राण ना निकाल ले।।

सोचते सोचते इसी उधेड़बुन में,
बिल्ले महाराज आ गए सड़क के चौराहे पर,
ना जाने क्या सूझी बिल्ले जी,

उलझ गए सीधे वो पुलिस से जाकर।।

कहें पुलिस वालों से मुझे हुआ है कोरोना,
पर किसी की हिम्मत हो तो मुझे गिरफ्तार करो ना,
ये सुनकर पुलिस वालों ने पहले जम कर की,
बिल्ले की सेनेटाइज वाले डंडे से सुताई।।

फिर जी भर कर कूटने के बाद,
पुलिस ने थोड़ी दरियादिली दिखाई,
और अस्पताल ले जाने के लिए,
चमकू बंदर से एम्बुलेंस मंगाई।।

बैठा कर बिल्लू महाराज को,
दी एम्बुलेंस को विदाई,
और फिर डॉक्टरों ने की,
बिल्लू महाराज को भर्ती किया,

रखकर 15 दिन आइसोलेशन में,
बिल्लू महाराज को शांति से रहने दिया,
जब 15 दिन बाद बिल्लू की रिपोर्ट नेगेटिव आयी,
तब अस्पताल वालो ने बिल्लू को दी बधाई।।

इधर 15 दिन बाद जब घर लौटे बिल्लू भाई,
तब बिल्ली ने बिल्लू को फटकार लगाई,
बोली बिल्ली म्याऊं म्याऊं,
क्यों तुमने झूठी खबर फैलाई।।

बिल्लू बोले भाग्यवान बिल्ली,
लॉक डाउन में तेरे लिए कहाँ से लाता मोमोज़,

सुनकर ये बात बिल्ली ने माथा ठोंक लिया
कुछ दिन रुक जा फिर खिला दूँगा तुझको मोमोज़।।

बिल्ली बोली हे भगवान क्या करूँ,
कैसे इस बिल्लू को समझाऊं,
ना जाने कैसा ये बिल्ला है,
कसम से आज से मोमोज़ कभी ना खाऊं।।

7. चले आना

चले आना कभी तुम चार कदम,
कभी मैं चार कदम चल आऊँगा,
चले आना कभी तुम बन कर हसरत,
कभी मैं बन चाहत चला आ आऊँगा...

चले आना तुम मेरी ज़िंदगी में यूँ,
जैसे कोई खिलता सा गुलाब हो,
चले आना मेरी धड़कनों में तुम,
जैसे कोई मचलती सी शबाब हो...!

चले आना तुम कुछ इस तरह से,
जैसे तुम हो एक सागर इश्क़ का,
मैं बनकर प्यासा राहगीर सा,
तुम्हारे पास चला आऊँगा...!

चले आना मेरी ज़िंदगी के रास्तों पर,
तुम मेरी ज़िन्दगी का हर मोड़ बन जाना,
चले आना तुम सब छोड़छाड़ कर,
मैं तुम्हारा सब कुछ बन जाऊँगा...!

चले आना तुम सिर्फ चले आना,
क्योंकि तुम्हारे बिना अब लगता नहीं,
जीना मेरा मुमकिन सा,
चले आना तुम मेरी ज़िंदगी मे चले आना...!

8. सैरंध्री (द्रौपदी)

देश पांचाल की राजकुमारी, नाम द्रौपदी था, थी द्रुपद की पुत्री,
जन्मी थी यज्ञाग्नि से, अपने भाई धृतद्युम्न के संग...!

तेज़ उसका अग्नि का था, और आँखों मे अंगार थे,
स्वयम्वर में जीता पार्थ ने, किन्तु भाग्य ने 5 पति दिये...!

समझाया फिर कृष्ण ने, तुम्हारे वरदान का ये फल था,
5 पतियों वाली पाञ्चाली, तुमने माँगा शिव से ये वर था...!

पहला वर तुम्हारा था, धर्मनिष्ठ और सत्यवादी पुरुष,
जो धर्म की पहचान बने, युधिष्ठिर ही तुम्हारे पति बने...!

हो बलशाली, हो बाहुबल जिसमे, उस पुरुष का वरण करूँ,
आधुनिक युग में भीमकाय, पवनपुत्र भीम तुम्हारे पति बने...!

महान धनुर्धर पति मिले, जो लक्ष्य भेदन सफल करे,
द्रोण का शिष्य अर्जुन ही, तुम्हारे स्वयमवर का लक्ष्य हरे...!

अश्व रोहिणी सेना में, जिसकी ना कोई काट मिले,
हो जय जयकार संसार में मादरी पुत्र नकुल तुम्हारे पति बने....!

सौंदर्य की मूरत हो जो, और जिसमे हो नम्रता,
दिग्विजय हो संसार मे, कुन्ती के प्रिय सहदेव तुम्हारे पति बने...!

जब दांव पर लगी इज़्ज़त तुम्हारी, और दुःशासन ने हरण की चीर

का,
आये तुम्हारी लाज बचाने, जग के पालनहार श्री...!

1 वर्ष का अज्ञातवास था, सैरन्ध्री बन कर तुमने निभाया,
विराट देश की रानी की तुम, बनकर शाही दासी वहां प्रेम भी पाया...!

जब जब इतिहास लिखा जायेगा, दुनिया में महाभारत का,
तब तब बलिदान तुम्हारा, ये सारा जग गायेगा....!

सैरन्ध्री- द्रौपदी का एक नाम, जो अज्ञातवास के समय था

9. उलझन ज़िंदगी की (1)

कुछ कुछ नए पुराने ख्यालों में,
उलझे है हम ज़िंदगी के सवालों में,
कभी पूछो ख़ैरियत अपने सवालों में,
बताएंगे हम दास्तान उन जवाबों में...!

किश्तियाँ भी हिलोरती है आजकल,
जाने कैसे तूफ़ान आते है ख़्वाबों में,
उठती है लहर ज़िन्दगी के बवालों में,
उलझे है हम ज़िंदगी के सवालों में...!

परेशां हो जाते है बहुत ही ज़्यादा,
जब मिलती है खुशियां हमें,
क्योंकि खुशियों के साथ आता है,
एक नया मोड़ ज़िंदगी के सफ़र में...!

आजकल बढ़ गयी है दोस्ती हमारी,
पुराने ज़ख्मों में जो दिए थे अपनो ने,
ज़िन्दगी की दास्ताँ कुछ यूं सुनाते है,
उलझे है हम ज़िंदगी के सवालों में...!

पार बेशर्मी की हद हो चुकी है अब,
पर नादान सा दिल है कि मानता नहीं,
किसी बात पर रौब झाड़ता नहीं,
उड़ गई है तितलियाँ अब ख्यालों में..!

किसे बताए हाल ऐ ज़िन्दगी *रोहित*,
कभी खुद में तो कभी अनजाने सही,
उलझे है हम ज़िंदगी के सवालों में...!

10. उलझने ज़िंदगी की (2)

ख़ाक़सार हुआ था मकाँ मेरा,
पर मेरी ज़िंदगी अभी बाकी थी,
रूठी थी मेरी किस्मत मुझसे यूँ,
कि हर दिन उलझनें नई बाकी थी...!

था आगोशित ये ज़िस्म मेरा,
अनल ऐ दोज़ख़ में,
पर उलझनों से मेरा कोई,
वास्ता पुराना बाकी था...!

मशगूल था दुनियादारी में इस कदर,
ना फ़िक्र अपनी थी और ना ही,
अपनों का ख्याल ही बाकी था...!

जी रहा हूँ बनकर,
प्यादा शायद खुद ही,
मेरे जेहन में ये,
सवाल बाकी था...!

जब उठा था जनाज़ा,
मेरे टूटे हुए दिल का,
मेरे दिल में दफ़न बस,
एक राज़ ही बाकी था...!

क्यों निभा रहा हूँ खुद से,

खुद में मैं एक गुमनाम बाकी था,
खाली मयकशी की एक बोतल,
और भरे गिलास का साथ बाकी था...!

मर तो चुका हूं खुद में कहीं,
पर मेरे ज़ेहन में खुद ज़िंदा रहने का,
बेमतलब, बेसवाल सा एक,
मुझपर हँसता सवाल बाकी था....!

11. आज अंधेरी रात है

आज अंधेरी रात है,
हसीन कुछ ज़ज़्बात है,
बेचैन कुछ एक पलों में,
सात जन्मों का साथ है...!

आज अंधेरी रात है,
जैसे मिलन की कोई बात है,
खुल गए है बन्द दरवाजे दिल के,
संगीन कुछ हालात है...!

आज अंधेरी रात है,
खामोश हर एक शोर है,
जद्दोजहद है ज़िन्दगी की,
पर वक़्त पर ना चलता ज़ोर है...!

12. अमर हो तुम, अटल हो तुम

अमर हो तुम, अटल हो तुम,
निश्छल, निष्कलंक, अचल हो तुम,
देह मिटा दी मृत्यु ने तुम्हारी,
पर हमारे दिलों में आज भी अमर हो तुम...!

टाल दिया मृत्यु को एक दिन की खातिर,
कह कर ना देंगे झुकने अपने ध्वज को,
निभाया हर एक पूर्णतः अपने हर वचन को...!

करके परीक्षण पोखरण में,
दिखाया दम हिंदुस्तान का संसार को,
गुर्राता था जो नापाक देश कभी हम पर,
कर दिया ध्वस्त उसके हर एक वार को...!

करता था पीठ पीछे वार जो कभी चीन हमपर,
बतला दिया उसे भी अपने हर एक प्रहार को,
थम गये कदम दुश्मन के सरहद पर,
जो कभी लांघते थे भारत की हद को..!

अवतरण हुआ था तुम्हारा दिसम्बर 25 को,
किन्तु निर्वाण लिया तुमने 16 अगस्त को,
रोया था आसमान भी तुम्हारे शहादत पर,
जब आयी थी खबर तुम्हारे अंतिम स्वांस की...!

तुम एक साधु थे अटल जी,
जिसकी तपस्या थी अखण्डता भारत की..!
हो गयी सांझ एक युग की,
तुम थे वरदान भारत की एक संतान बन कर...!

13. आज उनसे यूँ मुलाकात हुई

आज उनसे यूँ मुलाकात हुई,
कि रात भर तेज़ बरसात हुई,
हम दोनों भीगे थे इश्क़ में यूँ,
कि शहर भर की हमपर बरसात हुई...!

था एक एक पल इश्क़ का,
जब उनसे मेरी पहली बात हुई,
हम दोनों भीग रहे थे और कांप रहे थे,
पर हमारे दिलो पर इश्क़ की आग थी...!

शहर भर भीगा था इस बेमौसम बरसात में,
हम दोनों को खोये थे मोहब्बत के सैलाब में,
कभी डूबते थे, कभी उतरते थे, एक दूसरे की आंख में,
बेताब थे, बेराज़ थे दोनो एक दूजे के साथ में...!

उसने जब डाला अपनी बाहों को मेरे कांधे पर,
और जब मैंने चूमा था होंठो से उनकी उंगलियों को,
कुछ कुछ धड़कनों में भी अंगार थे,
हाय ये बेईमान मौसम भी सौगात थी...!

दूर शहर की चहल पहल से हम दोनों,
कैद हो गए थे एक दूजे के एहसास में,
शुरू हुई एक तकरार मीठी सी प्यार भरी,
उसकी सांसो की मेरी हर सांस में...!

पिघलता रहा कुछ यूँ मैं तुम में,
और तुम मुझमे सिमट जाते रहे,
दो बदन हमारे एक दूजे से दूर ही थे,
पर दिल ही दिल मे करीब आते रहे..!

गिरी थी बरसात की बूंदे तुम्हारे होंठो पर,
जो मेरे होंठो पर शराब बन गयी थी,
गिरी थी जो बिजली आसमाँ से जमीन पर,
वो हमारे इश्क़ की गवाह बन गयी..!

ठहर गया था वक़्त एक दूजे में,
और ये बरसात भी कहर ढ़हा गयी,
हाय ये बरसात के बहाने ही सही,
तुम मेरे और भी करीब आ गयी...!

गिर जाने देते शर्मो हया के पर्दों को,
मिटा देते हम हर फ़ासले को,
पर ये ज़ालिम बेमौसम सी बरसात,
दिलों में आग लगाकर दूर जा गयी...!

14. स्त्री होना आसान नहीं

लेकर जन्म देह स्त्री की,
अपना जीवन जीना आसान नहीं,
बनकर स्त्री इस दुनिया में,
रह पाना इतना आसान नहीं..!

कभी बनकर सीता के जैसे,
भोगना वनवास आसान नहीं,
कभी बनकर द्रौपदी की तरह,
चीर हरण सहना आसान नहीं...!

रख कर 9 माह कोख में एक जान को,
माँ बन पाना आसान नहीं,
पिला कर लहू अपने सीने का दूध बनाकर,
किसी नवजात का उदर भरना आसान नहीं...!

बनकर प्रेमिका किसी पुरुष की,
समर्पण सम्पूर्ण खुद का करना आसान नहीं,
बनकर भार्या किसी पति की,
अपने देह को भुलाना आसान नहीं...!

बचपन से सुना है जीना आसान नहीं,
पर शायद स्त्री बनकर तो मरना भी आसान नहीं,
कुछ बातों को यूं भुला देना
रजस्वला का दर्द हँसते हुए सहना आसान नहीं....!

जब हो जाये जब घाव अस्मत पर कभी,
तो खुद को समझाना आसान नहीं,
आसान होना भी होता है आसान नहीं..!

• 29 •

पूजी जाती है दुर्गा काली की मूरत,
पर स्त्री बनकर पूजा जाना आसान नहीं...!

15. ना मानो कभी हार खुद से

ना मानो कभी हार खुद से,
करो तैयारी बेहतर पहले से,
कोई बात नहीं जो असफ़ल हुए,
थोड़ी और कोशिश करो सफल होने की...!

रह गयी क्या कमी पिछली कोशिश में,
या थोड़ी सी खामी भी होती है बड़ी,
ना दोहराओ गलती फिर से अब,
बस थोड़ी सी मेहनत और करो...!

न उठा लेना गलत कदम कभी,
अपनी एक असफलता पर,
क्योंकि बेकार होती नहीं मेहनत,
मिलता है एक न एक दिन मेहनत का फल...!

धैर्य रख, फिर से कर नई शुरुआत,
सोच ले कि बीत गयी है एक रात,
निकला है सूरज नया एक आज,
हर नई सुबह होती है नए आयाम का आगाज़...!

मिलेगी सफ़लता तुझ को भी,
खुद को यूं ना तू निराश कर,
बनकर एक नन्हा सा दीपक,
हर एक ज़िंदगी मे प्रकाश कर...!

सोच ले पहले एक कदम उठाने से,
क्या असफ़लता बडी थी तेरी मेहनत से,
सिर्फ तू हथियार उठा, डटकर मुकाबिल कर,
छोड़ दे मेहनत का परिणाम समय की ताकत पर

16. इश्क़ तुमसे

वो मेरी साँसों में कुछ यूँ बसती है,
जैसे कोई इत्र मेरे ज़िस्म में छिड़का है...!

वो मेरी आँखों मे कुछ यूं रहती है,
जैसे ख़्वाबों को नींद का सहारा है...!

वो मेरी आरज़ू बन गयी है कुछ यूं,
जैसे पूरी क़ायनात पर सिर्फ उसी का हक़ है...!

वो मेरी मंज़िल बन गयी है कुछ इस तरह,
जैसे वो किसी राहगीर की राह हो...!

वो मेरे मनमंदिर में रहती है कुछ यूं,
जैसे मैंने पूजा हो उसे भगवान की तरह...!

उसके होंठो से झरते है अल्फ़ाज़ कुछ यूं,
जैसे सितार पर छेड़े हो धुन की तरह...!

उसकी मदमस्त जवानी का है नशा,
जैसे मयकदे में रहती है वो शराब की तरह...!

वो घुल जाती है हर लम्हा मेरी बातों में,
जैसे पानी मे घुल जाए शक्कर की तरह...!

वो होकर नामचीन भी ज़माने भर में,

लिखती है उपनाम अपना मेरी तरह...!

सितारें सज़ा दूँ उसकी मांग में आसमाँ से चुरा के,
जैसे वो रहती है मेरे दिल में मेहताब की तरह....!

इश्क़ है उसको मुझसे कुछ इस तरह,
जैसे मुझे है इश्क़ उससे जिस तरह...!

करती है शैतानी वो मुझसे नादान बनकर,
आँखों में मासूमियत है किसी बच्चे की तरह...!

करके बग़ावत वो अपने दिल से हर दफ़ा,
मुझे रोक लेती अपनी साँसों में जिस तरह....!

17. इश्क की बरसात

वो हमारी मुलाकात खास हो गयी थी,
जब मिले थे हम और बरसात हो गयी थी,

भीग गया था शहर भर उस बरसात में,
तुम और मैं खो गए थे उस भीगी रात में,

उस दिन तुम्हे भी इश्क़ ने सराबोर किया था,
उस पल को मैंने अपनी ज़िंदगी जिया था...!

था नदी का किनारा वो हसीन सा,
मेरे दाहिने हाथ की हथेली पे,
थी तुम्हारे बाएं हाथ की हथेली,
और थाम लिया था एक दूसरे की उँगलियों ने,
जैसे जकड़ लिया हो एक दूसरे को,

तुम और मैं डालकर हाथों में हाथ देख रहे थे एक दूसरे को,
अचानक से मौसम भी इश्क़ज़दा हुआ था,
वो बरसात की पहली बून्द ने जब,
तुम्हारे होंठो को छुआ था...

बेसब्र हो गए थे अरमान हम दोनों के,
पर हमारे इश्क़ को पाकीज़गी ने ढका था...

ज़िस्म तर ब तर हुए हम दोनों के,
और मन भी भीगे थे उस बरसात में,

जब तुम और मैं बिता रहे थे,
अपनी रंगीन शाम एक दूसरे के साथ मे,

हुई थी बरसात हमारे इश्क़ की उस रोज,
ना जाने क्यों ये मौसम बेईमान हुआ था,
तुम्हारे इश्क़ में भीगा था मैं,
और मेरे इश्क़ ने तुम्हारे दिल को छुआ था।।

नदी के उस पानी में जब गिरती थी बूंदें बरसात की,
तो लगता था जैसे लगी हो आग पानी में,
और हम दोनों खुश थे देखकर उस बरसात को,
क्योंकि वो हमारे इश्क़ की बरसात थी।।

18. मेरा शहर

वो पुराना शहर मेरे ज़ेहन का,
हाँ एक शहर है मेरे बचपन का...!

सदर चौपाटी के हाथ ठेले बदल गए,
बड़ी बड़ी दुकानों में चाट पकौड़ियाँ मिलने लगी,
पर ना बदली फ़िज़ा मेरे शहर की...!

घंटाघर की सुईया बदल गयी,
और कमानिया गेट की दुकानें नई बन गयी,
पर ना बदला वक़्त मेरे शहर का...!

ऊँचे ऊँचे मकान बन गयी,
औऱ खुल गया मॉल सिविक सेंटर का,
पर ना बदला नज़ारा नर्मदा घाट का...!

एक शहर मेरे सपनों का,
बहुत कुछ बदल गया,
चौपाटी पक्की बन गयी,
17 टॉकीजों वाला शहर
मॉल वाला बन गया,
पर ना बदला जुलूस,
दशहरे और मोहर्रम का...!

वो मदन महल में मामा की चाट हो,
या बमचक वाले का डोसा मिले,

नर्मदा जी का दीपदान हो,
या "या गौस अल मदद" का नारा हो,
हर दिल में भाई चारा है,
हमारा बड़ा भाई नहीं, काय बड़डा होता है,
मय की तलब नहीं,
हाँ सुबह सुबह चाय का नशा होता है,
शोभापुर का फाटक हो,
या भेड़ाघाट का जलप्रपात,
काय बड़डा है ना कछु अलग बात,
गंजीपुरा का मार्किट हो, या गुरण्दी का चोर बाजार,
सुई से लेकर हवाई जहाज सब मिलेगा मेरे यार..
विजय नगर के भोले हो,
या पाट बाबा के बजरंगी,
अपनी संस्कारधानी है,
हर रंग में रंगी....!

कितना कुछ बदला मेरे शहर में,
इन 30 सालो में,
पर ना ये शहर बदला
और ना इस शहर के लोग बदले,
क्योंकि हम जबलपुर वाले,
किसी को अपना बनाते है तो,
बड़े भाई दिल से अपनाते है....!

इस पुस्तक मे लिखी हुई कविताएं दिल की आवाज है
आपको ये किताब कैसी लगी, अपनी प्रतिक्रिया देने के लिए मुझे मेल
करे,

rsrs016@gmail.comया rohitshrm588@gmail.com